MAURICE DUCLOS

L'IMPOT

SUR

LES MUTATIONS

EXPOSÉ D'UN SYSTÈME D'IMPOT

FRAPPANT

TOUS LES EMPLOIS DE LA RICHESSE

EXPOSÉ D'UN SYSTÈME D'IMPOT FRAPPANT TOUS LES EMPLOIS DE LA RICHESSE

Les besoins financiers de la France

Au moment où la guerre a éclaté, le budget de la France accusait un déficit de 800 millions, et le Parlement était appelé à trouver, pour le combler, des ressources nouvelles. Nul ne sait dans quelle mesure la guerre une fois terminée aura augmenté cette insuffisance financière. Mais à s'en tenir au récent rapport qui vient d'être présenté à la Chambre sur les crédits relatifs au premier trimestre de 1917, on voit que la France aura dépensé, depuis le 1er Août 1914 jusqu'au 31 Mars 1917, soixante-douze milliards et demi.

La plus grande partie de ces dépenses ont été couvertes par des emprunts, perpétuels ou à court terme, et par des avances de la Banque de France à l'Etat. C'est autant dont notre dette publique va se trouver alourdie, le jour de la paix. L'intérêt de cette dette viendra s'ajouter au chiffre normal de notre budget.

A ce supplément de charges, qu'il n'est pas exagéré d'évaluer à plus de trois milliards, il faudra joindre les annuités des rentes et pensions à payer du fait de la guerre, les indemnités aux habitants des régions envahies, enfin les sommes qu'il conviendra de dépenser pour permettre au pays de reconstituer son activité économique si profondément bouleversée. En d'autres termes, les besoins de l'Etat auront doublé ; il s'agira donc de trouver des ressources correspondant à cette énorme augmentation.

Les ressources à trouver

Le problème est déjà posé devant le Parlement, mais il semble ne concevoir pour le résoudre que de petits moyens ou de mauvais moyens.

Petits moyens, ces taxes innombrables qui vont frapper à tort

et à travers, le sucre, les denrées coloniales, les boissons hygié-
niques, les pianos, les chiens, la margarine, etc...

Mauvais moyens, les diverses formes, plus ou moins dégui-
sées, d'impôts sur le revenu auxquelles on tente de recourir.

On aura beau s'ingénier à rechercher les consommations qui
échappent encore au fisc pour les y soumettre, cette poussière
d'impôts n'apportera que des suppléments de ressources insigni-
fiants par rapport aux besoins à satisfaire. Par contre, ces taxes
resteront arbitraires, épargnant les uns, surchargeant les autres,
n'ayant même pas pour elles la commodité dont on fait un mérite,
en général, aux impôts de consommation, puisque la plupart
d'entre elles seront perçues comme des impôts directs, au lieu de
se confondre dans le prix des marchandises.

Quant à l'impôt sur le revenu, depuis quelque temps, il est
entré dans nos lois, mais on sait quelles difficultés d'application il
soulève, quelles fraudes il suscite et à quelle inquisition il conduit.

Nécessité d'une évaluation de la matière imposable

L'idée de l'impôt sur le revenu a séduit beaucoup d'esprits
simplistes, parce qu'ils voyaient ou qu'on leur faisait voir dans
cette méthode fiscale le moyen de rejeter tout le poids de l'impôt
sur les classes riches et d'en exonérer les classes pauvres.

Cette illusion, exploitée par la démagogie, se serait dissipée,
si on avait procédé à l'étude de la répartition de la fortune du
pays. On aurait vu que les petits revenus, dans leur ensemble,
constituent la majeure partie du revenu total de la France ; on
aurait compris, dès lors, que l'impôt sur le revenu, loin de pouvoir
frapper les seules grosses fortunes, n'offrait de chances de réus-
site et de productivité financière qu'à condition de ne laisser
échapper aucun revenu, si faible fût-il.

Mais on a classé les revenus en cédules fantaisistes, appliquant
à chacune d'elles un taux spécial et calculé sans aucune base
rationnelle, faute d'avoir dressé l'inventaire méthodique de la
fortune publique.

Il est nécessaire de classifier les formes de la fortune, d'étudier l'importance comparative de leurs revenus pour rechercher
ensuite la possibilité de les taxer sans gêner les contribuables,
sans léser aucun d'eux, mais de manière à procurer à la nation
les recettes financières dont elle a besoin.

Un pareil travail montrera combien est variable le rendement des diverses sortes de fortune, et comment, avec le système des impôts actuels, certaines formes de la richesse se trouvent surchargées, alors que d'autres échappent presque entièrement au fisc.

Avant d'exposer la solution financière que nous apportons au problème de l'impôt et qui consiste à frapper l'ensemble de la richesse, il nous faut procéder à cette classification rationnelle.

La classification rationnelle de la fortune publique

La fortune publique comprend non seulement les objets inertes, mais encore les individus avec leurs qualités personnelles, leur valeur intrinsèque ; elle comprend, en même temps que les produits achevés et bons seulement à être consommés, les matières premières à transformer et l'outillage nécessaire à cette œuvre de transformation.

Envisagée ainsi sous un aspect purement économique et sans tenir compte des distinctions juridiques de nos codes, elle se présente sous cinq formes principales :

1° Les immeubles ;
2° Les meubles ;
3° Les valeurs mobilières ;
4° Les marchandises ;
5° La valeur intrinsèque de l'homme.

Il convient d'entrer, à propos de chacune d'elles, dans quelques détails.

1° *Les immeubles* comprennent le sol : champs, forêts, étangs, terres incultes, et les bâtiments.

2° *Les meubles* se restreignent à la catégorie des meubles meublants, car les meubles neufs dans le magasin du commerçant sont des marchandises.

3° *Les valeurs mobilières* constituent une forme importante de la fortune publique, bien qu'elle soit purement représentative des autres formes de la richesse ; ce sont les actions et obligations des Etats, des personnes publiques et des sociétés privées, les hypothèques, commandites, etc...

4° *Les marchandises* peuvent se subdiviser en trois classes :

a) Les matières premières : *minérales* (extraites du sol) ;

végétales (grains, graines oléagineuses, bois, textiles, gommes, etc...; *animales* (le bétail, les cuirs, suifs, laines, poils, os, corne).

b) Les produits fabriqués : *végétaux* (tous les produits de l'industrie du bois, les étoffes de lin ou de coton, etc.) ; *animaux* (les étoffes de laine, etc.) ; *minéraux* (les machines, les produits chimiques, etc.) ; *mixtes* (par exemple : un porte-monnaie de cuir, doublé de soie et pourvu d'un fermoir en métal).

c) Les denrées alimentaires, qui méritent de constituer une classe distincte, en raison de leur importance.

5° *La valeur intrinsèque* de l'homme résulte :

> soit de sa valeur intellectuelle (cerveau),
> soit de son habileté manuelle (main),
> soit de sa force physique (muscle).

On peut grouper sous ces trois chefs la totalité des professions pour l'établissement d'un système d'impôt qui vise, comme il est juste, à frapper chaque profession en tenant compte de son rendement financier.

1° Dans la première catégorie de ce groupement (cerveau), nous classerons tous les hommes qui vendent leur travail intellectuel (qu'il s'agisse d'œuvres scientifiques ou d'imagination), qui tirent de leurs qualités mentales et de leur acquit scientifique ou technique la contribution qu'ils apportent à la richesse générale. Ce sont :

Les fonctionnaires civils. . . . { Magistrats.
Professeurs.
Administrateurs, etc.

Les fonctionnaires militaires.

Les professions libérales . . . { Médecins.
Avocats.
Hommes de loi, etc.

Les artistes. . . . . { Peintres, Décorateurs
Sculpteurs.
Graveurs, Dessinateurs
Architectes.
Musiciens, etc.

Les compositeurs et littérateurs { Compositeurs.
Poètes.
Auteurs dramatiques.
Publicistes, etc.

$$\text{Les scientifiques . . . .} \begin{cases} \text{Mathématiciens.} \\ \text{Physiciens.} \\ \text{Chimistes.} \\ \text{Ingénieurs} \begin{cases} \text{Géologues.} \\ \text{Constructeurs.} \\ \text{Mécaniciens.} \\ \text{Electriciens, etc.} \end{cases} \end{cases}$$

$$\text{Les employés de commerce . .} \begin{cases} \text{Administrations.} \\ \text{Banques.} \\ \text{Chemins de fer et transports divers.} \\ \text{Employés divers, etc.} \end{cases}$$

Dans la deuxième catégorie de notre classification (main), il faut ranger :

$$a)\ \text{Les ouvriers d'art, artisans qui exécutent les conceptions de l'art en général.} \begin{cases} \text{Dessinateurs.} \\ \text{Graveurs.} \\ \text{Photographes.} \\ \text{Brodeurs.} \\ \text{Luthiers.} \\ \text{Modeleurs, etc} \end{cases}$$

$$b)\ \text{Les ouvriers des industries primaires.} \begin{cases} \text{Alimentation} \begin{cases} \text{Cuisiniers.} \\ \text{Pâtissiers.} \\ \text{Boulangers.} \\ \text{Charcutiers.} \\ \text{Bouchers, etc.} \end{cases} \\ \text{Vêtement . .} \begin{cases} \text{Tailleurs.} \\ \text{Modistes.} \\ \text{Cordonniers, etc.} \end{cases} \\ \text{Logement. .} \begin{cases} \text{Maçons.} \\ \text{Serruriers.} \\ \text{Menuisiers.} \\ \text{Plombiers.} \\ \text{Charpentiers, etc.} \end{cases} \end{cases}$$

$$c)\ \text{Les ouvriers des industries auxiliaires.} \begin{cases} \text{Mécanique.} \\ \text{Caoutchouc, Papier.} \\ \text{Produits chimiques.} \\ \text{Transports, etc.} \end{cases}$$

La dernière catégorie des producteurs dont le travail résulte de la valeur intrinsèque de l'homme, celle de la force physique (muscle), comprend :

> Les Manœuvres,
> Terrassiers,
> Charretiers,
> Portefaix,
> Domestiques, etc...

Nous avons réussi à grouper sous quelques chefs de classement toutes les formes de la richesse de la société, qu'il s'agisse des dons de la nature comme le sol et les matières premières, des produits de création humaine, comme l'ensemble des objets fabriqués ou comme les valeurs mobilières, ou enfin des hommes eux-mêmes considérés sous les différents aspects que prend leur valeur intrinsèque.

Mais cette classification ne nous renseigne encore que sur les aspects extérieurs de la fortune ; c'est une pure anatomie de la richesse ; pour pouvoir demander à ces diverses richesses un impôt qui soit juste et proportionnel, nous avons besoin de connaître plus intimement leur structure, l'histoire de leur formation et la valeur de leur rendement comparée à leur valeur propre. En un mot, nous ne devons pas nous contenter de cette anatomie descriptive de la fortune, mais pour user encore de termes empruntés à la biologie, nous devons en connaître l'embryogénie et la physiologie.

Nous connaîtrons alors d'une façon complète la matière imposable ; il ne restera plus qu'à trouver le procédé permettant de la soumettre tout entière à l'impôt, de manière à obtenir une équitable répartition des charges et un rendement financier productif.

Formation et composition des richesses imposables

Il nous faut reprendre, une par une, les catégories de notre classification.

Une remarque préliminaire s'impose, à savoir que les richesses matérielles — groupées dans nos quatre premières catégories, et les richesses d'ordre purement humain, — la valeur intrinsèque de l'homme, — sont une seule et même réalité, comme la force et le mouvement, la chaleur et la lumière ne sont que les manifestations différentes d'une seule et même énergie. Tout travail implique une consommation de richesses, mais en revanche il n'est pas de production de richesses sans travail.

1° Les *immeubles*, ainsi que leur nom l'indique, représentent l'immobilisation d'une valeur retirée de la circulation. Lorsqu'un homme qui produit a, pendant plusieurs années, dépensé moins qu'il ne gagnait, il se trouve en possession d'une somme dont il n'a pas besoin pour les nécessités courantes de la vie. Il capitalise cet excédent de ses revenus et le met à l'abri des risques de pertes, en l'immobilisant dans l'achat d'un certain terrain ou dans la construction d'un bâtiment. La sécurité qu'il acquiert ainsi, il la paie, en perdant le gain que lui assurerait son capital s'il l'exposait aux aléas des affaires et en ne touchant qu'un revenu médiocre ; il est constant, en effet, que le revenu d'un immeuble bien géré ne dépasse guère 3.75 à 4 % net.

Les immeubles nous apparaissent donc, en tant que richesses sociales, comme des valeurs matérialisant les résultats du travail sous une forme sûre, mais d'un faible rendement.

2° Les *meubles* meublants ne peuvent être considérés comme productifs d'un revenu matériel, leur valeur est tout entière dans l'usage ou l'agrément qu'on en retire. La plupart d'entre eux servent plus à flatter notre goût qu'à satisfaire nos besoins. Loin de rapporter, ils coûtent à entretenir et à remplacer quand ils sont usés.

Il est superflu d'insister sur ce caractère pour déceler tout ce que présentent d'irrationnel les taxes somptuaires et leur prétention de frapper le contribuable sur les apparences de la richesse. Les meubles meublants sont des valeurs mortes pour ainsi dire, ou tout au moins en voie de dépréciation continue. La valeur monétaire dépensée en achat de meubles aurait aussi bien pu être dépensée en consommations immédiates, telles que dépenses de table, par exemple, qui n'auraient tout au plus donné lieu qu'à une seule imposition à la charge du consommateur. Il semble injuste de frapper périodiquement d'une contribution cette même valeur monétaire, parce qu'elle se matérialise en un meuble meublant, arbitrairement considéré comme un objet de luxe.

Les immeubles et les meubles représentent la fortune acquise, immobilisée, celle qui, sauf exceptions (tableaux de maîtres, immeubles bien situés), n'est plus destinée à voir croître sa valeur, mais bien au contraire à se déprécier.

Les catégories de richesses qui nous restent à examiner constituent la fortune en formation.

3° *Les valeurs mobilières*, au sens large du terme (et sans égard à la terminologie de notre Code), comprennent des titres dont les uns sont garantis par l'existence d'un immeuble ou d'un outillage industriel : ce sont les hypothèques et les obligations, — et dont les autres représentent le " *Working-Capital* ", le capital instrument de travail, le capital à l'œuvre : ce sont les actions, les commandites, les cautionnements.

Les hypothèques et les obligations, en raison même de la sécurité qu'elles offrent et qui est faite de la solidité même de leur gage, rapportent relativement peu ; le revenu qu'on en tire ne dépasse guère 3 ½ %.

Les actions partagent les risques du Working-Capital dont elles sont l'émanation ; comme lui, elles sont exposées à se déprécier, à s'user, à se perdre ; aussi leur rendement est-il supérieur à celui des autres valeurs mobilières, il atteint souvent 10 % de leur valeur nominale.

Tous les résultats d'une entreprise viennent se refléter dans le cours des actions ; il bénéficie de tous les efforts fournis par les cerveaux qui la dirigent, de tout le rendement obtenu par l'outillage dont elle dispose ; bref, toute nouvelle richesse créée par l'entreprise, toute puissance nouvelle acquise par elle, se traduit par une hausse de l'action, par un accroissement du désir que les détenteurs de capitaux peuvent avoir de se procurer les titres de l'entreprise et par un mouvement de transactions plus accentué sur ces titres. C'est là une forme de la fortune qui en enregistre tous les progrès et qui se révèle comme une " matière imposable " de choix.

4° *Les marchandises*. – A mesure que nous avançons dans l'examen des formes de la richesse, nous voyons leur productivité s'accroître, leur rendement progresser.

Les marchandises rapportent d'autant plus qu'elles se présentent sous un aspect plus éloigné de l'état primitif des matières qui les constituent. Les matériaux bruts qu'on a simplement pris la peine d'extraire du sol, ne donnent guère que 5 à 10 % des capitaux mis en œuvre pour les amener au jour. Les produits fabriqués mécaniquement rapportent de 10 à 15 % ; quant aux produits fabriqués par la main de l'homme, leur coefficient de rendement oscille entre 25 et 30 %.

On voit que la valeur des produits est singulièrement accrue par le travail qu'on y incorpore. Que l'on compare seulement la valeur d'une tonne d'acier brut avec celle des instruments de précision, par exemple, qu'elle aura servi à fabriquer! Il ne faut donc pas s'étonner si nous concluons que l'homme constitue la principale valeur sociale, la forme supérieure de la richesse. Nous allons le constater en examinant la dernière catégorie de notre classification de la richesse, sur laquelle il convient d'insister davantage.

5° *Valeur intrinsèque de l'homme.* — La valeur du capital-cerveau, du capital constitué par l'habileté technique ou par la force musculaire : d'un intellectuel, d'un artisan ou d'un manœuvre, se calcule en totalisant les dépenses que l'élevage, l'instruction et l'éducation de l'homme ont nécessitées.

Il en coûte plus pour élever un homme qu'on destine aux carrières libérales (richesse-cerveau) que pour élever un futur artisan; de même, la formation de l'artisan (richesse-main) coûte plus que celle de manœuvre (richesse-muscle).

La valeur d'un homme comporte plusieurs éléments, qu'on peut résumer dans les six coefficients suivants :

1° Santé.
2° Intelligence.
3° Puissance de travail.
4° Persévérance.
5° Conduite.
6° Caractère.

La possession de ces qualités à un degré plus ou moins élevé commande la destinée de tout individu et détermine sa valeur dans la société. Indirectement elle influe sur la conservation des biens que l'individu possède : si les quatre premières formes de la fortune se voient exposées à périr dans les accidents divers d'ordre matériel qui peuvent les atteindre (incendies, etc...), elles seront, de même, conservées ou détruites, augmentées ou diminuées, selon que leur possesseur sera doué d'une intelligence plus ou moins active ou qu'il suivra une ligne de conduite plus ou moins droite. Que de richesses gaspillées, que de valeurs non mises au jour, faute des qualités intrinsèques nécessaires chez un individu!

Aussi est-il indispensable, tant pour la conservation et la création des richesses sociales que pour la formation même de la valeur de l'individu, de s'attacher à cultiver l'homme, dans sa santé, dans son intelligence et dans ses qualités morales.

L'intérêt personnel, l'amour et l'orgueil paternels suffisent, en général, à assurer cette culture. Mais la société, dans bien des cas, doit se substituer aux parents incapables ou indifférents ; elle a, en outre, le devoir de faciliter l'éducation de tous ses membres en leur donnant les moyens de la réaliser, en créant un milieu sain, en organisant les intérêts collectifs et en suscitant les aptitudes et vocations individuelles.

L'instruction donne le savoir, et l'éducation le savoir-faire. Toutes deux ont pour objet l'utilité sociale ; elles doivent produire des êtres bien adaptés à la vie en société, capables de discipliner leurs instincts et d'ajouter leur part de richesses, leur apport de bonheur, aux éléments existant déjà dans le milieu où ils naissent et se développent.

Le capital dépensé pour la formation d'un homme constitue un placement des plus profitables. Mieux vaut dépenser 50.000 francs pour développer le cerveau de son fils que de le laisser ignorant et lui léguer un immeuble de 50.000 francs qu'il ne saura pas gérer et qui, en tout cas, ne lui rapporterait que du 4 %, soit 2.000 francs de rente, alors que par son instruction il pourra en gagner le triple ou le quintuple.

Avec une dépense moindre, un père fera de son fils un artisan, qui jouira encore d'une situation supérieure à celle de l'homme, par hypothèse sans instruction, mais possesseur d'un petit immeuble.

Il n'est besoin d'aucune dépense spéciale pour créer un manœuvre : il suffit de le nourrir et de l'amener au développement physique d'un adulte. Tandis que le bourgeois et l'artisan se privent pour faire de leur fils un homme de profession libérale ou un ouvrier qualifié, le père du futur manœuvre n'expose aucun capital pour l'éducation professionnelle de son fils. Souvent même, la société prend à sa charge une partie des frais d'élevage de l'enfant (crèche, cantine scolaire, etc.) [1].

---

[1] On peut expliquer la faible natalité dans les classes aisées et la natalité croissante parmi les classes populaires par le fait qu'il en coûte plus de former des valeurs-cerveau que des valeurs-main ou des valeurs-muscles.

Cette constatation n'est pas sans utilité pour apprécier le rendement des diverses professions, des diverses valeurs intrinsèques des individus.

De même que nous avons approximativement évalué le rendement des précédentes formes de la fortune, de même nous devons essayer de nous rendre compte de ce que rapporte à son possesseur la valeur intrinsèque d'un homme par rapport à ce qu'elle a coûté à produire.

Le capital-cerveau est le plus coûteux à constituer ; c'est rester au-dessous de la vérité, que d'évaluer à 20 ou 25.000 francs les frais que nécessite la formation d'un avocat, d'un médecin, d'un ingénieur ou d'un artiste. Or, ces diverses professions rapportent de 30 à 50 % de cette première mise de fonds.

Mais les produits de l'habileté manuelle ou les services rendus par la force physique sont, le plus souvent, tout bénéfice pour les possesseurs de ce genre de fortune, car ils n'ont généralement dépensé que peu de chose, sinon rien du tout, pour acquérir leur capacité professionnelle.

Quel est l'artisan, l'ouvrier technique qui n'arrive à gagner, dans son année, une somme presque égale à celle qu'a coûté son éducation professionnelle ? Quant à l'ouvrier non qualifié, il n'a coûté à ses parents que la nourriture ; dès qu'il est en âge de travailler, il gagne un salaire et quand il arrive à la pleine possession de sa force physique, son gain de 3 ou 4.000 francs par an représente bien près de 100 % de ce qu'il a fallu dépenser jusque-là pour l'entretenir. La même observation s'applique avec plus de raison encore aux ouvriers agricoles, élevés à peu de frais dans leurs villages.

La Fortune et l'Impôt

Nous venons de passer en revue toutes les formes de la fortune ; après les avoir groupées dans une classification rationnelle, nous avons recherché comment elles se constituaient et comment elles fonctionnaient.

Toute forme de la fortune peut se constituer entre les mains d'un individu, s'il possède et met en œuvre les qualités morales et physiques constitutives de la vraie personne humaine. A l'inverse, faute de posséder ces qualités ou de les cultiver, l'individu court le risque de se ruiner. Il est indispensable d'étudier avec le

FORMES DE LA FORTUNE			COURTIERS PAR LESQUELS SE FONT LES MUTATIONS	BOURSES	CLASSIFICATION	PRODUIT REVENU ANNUEL DU CAPITAL
Immeubles	Maisons		Notaires	Chambre des Notaires. 1re Chambre du Tribunal Civil.	Fortune acquise.	3 ¼ à 4 %
	Champs					2 ½ à 3 %
	Forêts					2 %
	Etangs					1 %
	Propriété non bâtie					o
Meubles	Meublants		Commissaires-Priseurs	Hôtel Drouot.		— o
Valeurs mobilières	Obligations		Agents de Change	Bourse.		2 ¼ à 3 ½ %
	Hypothèques					3 ¼ à 4 %
	Actions¹					4 à 7 %
	Fonds de Commerce		Notaires			5 à 6 %
	Commandites, etc.					
Marchandises	Matières premières	Minérales	Courtiers assermentés.	Bourse de Commerce.		5 à 10 %
		Végétales				
		Animales				
	Produits fabriqués	Minéraux	Représentants de Fabriques. Voyageurs de Commerce. Consignataires.	Expositions { du Meuble. du Cycle. de l'Auto, etc.		10 à 15 % (mécanique)
		Végétaux				25 à 30 % (à la main)
		Animaux				
		Mixtes				
	Denrées alimentaires		Mandataires aux Halles. Courtiers gourmets.	Halles. Bercy. — Entrepôt.		
	Vins					
Valeur intrinsèque	Cerveau	Fonctionnaires civils { Magistrats. Professeurs. Administrateurs		L'Institut { Académie Française. » des Inscript^s et B.-L. » des Sciences. » des Beaux-Arts. » des Sciences Morales et Politiques.	Fortune en formation.	10 à 50 %
		Fonctionnaires militaires				
		Professions libérales { Médecins, Chirurgiens. Avocats. Avoués, etc.		Académie de Médecine, etc. Palais.		
		Artistes { Peintres. Sculpteurs. Graveurs. Architectes.	Courtiers d'Art.	Salon.		20 à 100 %
		Musiciens		Concerts.		
		Poètes. Auteurs dramatiques. Ecrivains	Editeurs.	Théâtres.		
		Employés				
	Main	Ouvriers des industries primaires { Alimentation { Boulangers. Cuisiniers. Bouchers, etc. / Vêtement { Tailleurs. Modistes. Cordonniers. / Logement { Maçons. Charpentiers. Couvreurs, etc.	Syndicats professionnels.	Bourse du Travail. (Grève).		50 à 100 %
		Ouvriers des industries auxiliaires { Transports { par fer. par eau. / Industries mécaniques { Meuniers. Tisseurs. Lamineurs, etc. / Industries chimiques { Papier. Caoutchouc. Etc.	Bureaux de placement.	(Expositions Universelles)		
		Ouvriers d'art.				
	Muscle	Manœuvres. Portefaix. Terrassiers. Domestiques.		Bourse du Travail.		100 %

plus grand soin l'impôt qui peut être appliqué à chacune de ces formes de la fortune, par crainte de les stériliser ; pour cela, on devra prendre en considération la somme de travail incorporée dans chacune de ces formes de la fortune ; le rendement qu'elles produisent par rapport à leur valeur, enfin leur rôle social.

Les défenseurs d'une certaine politique fiscale, inspirés bien moins par le souci d'accroître les ressources de l'Etat que de flatter une clientèle ignorante, prétendent réclamer la plus grande partie, sinon la totalité de l'impôt à la fortune acquise. Ils croient la stigmatiser en l'appelant le capital, sans se douter que toute richesse, à commencer par l'homme lui-même, constitue un capital.

En réalité, on ne donne aucune raison valable pour imposer tout le poids des charges publiques à la fortune acquise. Seul l'espoir de la posséder un jour, seule la perspective de se constituer une rente pour la vieillesse et de transmettre un patrimoine à ses enfants encourage le travailleur.

S'il faut taxer la fortune acquise, il n'y a pas lieu, vu son faible rendement, de la surcharger ; l'impôt sur la possession de meubles meublants apparaît même comme particulièrement injuste, puisque cette forme de fortune coûte à son propriétaire au lieu de lui rapporter.

On peut, au contraire, taxer davantage la fortune en formation, parce que nous avons vu que son rendement est supérieur à celui de la fortune acquise. Il n'existe aucune bonne raison d'exonérer le possesseur de la valeur-cerveau, de la valeur-main ou de la valeur-muscle. Souvent même, il a contracté une dette spéciale vis-à-vis de la société qui l'a aidé en payant des professeurs, en entretenant toutes les institutions dont il s'est servi pour mener à bien son éducation.

Le problème fiscal consiste, dans ses termes les plus simples, à frapper toutes les formes de la richesse, proportionnellement à leur importance intrinsèque et à celle de leur rôle dans la collectivité.

Or, il existe un fait d'ordre à la fois juridique et économique, qui, à lui seul, permet de mesurer l'importance des diverses formes de la richesse en même temps que le degré d'activité qu'elles manifestent dans la société. C'est tout naturellement ce fait qui doit devenir la base d'un système d'impôt visant à la fois à la justice et à la productivité.

Les Mutations de la Fortune

Quand on se propose d'instituer un système d'impôt universel, on peut choisir entre deux méthodes.

L'une d'elles consiste à déterminer, pour chaque forme de richesse, des conditions spéciales d'assiette et de perception de l'impôt. Telle richesse sera frappée à la production, telle autre à la circulation, telle autre enfin à la consommation. C'est le système auquel ont eu recours la presque totalité des fiscs de toutes les époques, mais il est d'une complication extrême et ne permet jamais d'arriver à une équitable répartition des charges publiques.

L'autre méthode consiste à chercher s'il n'existe pas, pour toutes les formes de la richesse, une manifestation d'existence ou d'activité qui leur soit commune, une condition à laquelle elles soient toutes obligées de se plier pour remplir leur rôle économique et social, puis, une fois ce caractère commun découvert, de le prendre comme base de l'impôt.

Cette propriété commune à toutes les richesses, ce ne peut être la production, car il est des richesses qui ne sont pas produites, telles que le sol ; il en est d'autres qui ne sont produites que lentement, tel un homme en âge de rendre des services à la collectivité. Ce ne peut être davantage la circulation, puisque quantité de richesses ne circulent pas (les immeubles), ni la consommation, laquelle, au sens propre du terme, ne se conçoit que pour les denrées et meubles périssables.

Au contraire, toutes les richesses sont produites pour être échangées, tous les biens, tous les services, toutes les valeurs font l'objet de mutations de propriété. La transmission des richesses qui, en style économique, s'appelle l'échange et en style juridique la mutation de propriété, est la condition nécessaire imposée à toutes les formes de la fortune, pour qu'elles remplissent leur rôle et manifestent leur valeur. Toute propriété change de main, soit à titre onéreux, soit à titre gratuit. Le propriétaire foncier, s'il ne vend pas son bien, en vend tout au moins les produits ou les services, et à sa mort, qu'il le veuille ou non, un nouveau propriétaire viendra le recueillir. Le commerçant provoque les mutations les plus actives de ses marchandises ; l'intellectuel, l'artisan, l'ouvrier, seraient fort embarrassés de ce que nous avons appelé leur valeur intrinsèque, s'ils ne pouvaient en faire bénéficier le public ou un patron, qui en devient propriétaire, moyennant une rétribution convenue.

Si donc on veut atteindre, d'une manière équitable puisqu'elle est uniforme, tous les éléments de la richesse publique, c'est à l'occasion des mutations dont ils sont l'objet qu'il faut les imposer.

Il était nécessaire d'indiquer sommairement la base de notre système universel d'impôt avant d'étudier la matière imposable elle-même. Nous exposerons plus loin les caractères et les avantages de l'impôt sur les mutations ; il nous faut, maintenant, montrer ce que sont les mutations de la fortune, comment elles s'opèrent, en quels lieux et par les soins de quels intermédiaires.

Le mécanisme des mutations

Les mutations des différentes formes de la fortune s'opèrent à l'amiable ou aux enchères par l'intermédiaire de courtiers spécialistes.

Les courtiers des immeubles sont les notaires.

Les courtiers des meubles sont les commissaires-priseurs.

Les courtiers des valeurs mobilières sont les agents de change.

Les courtiers des matières premières et des marchandises sont les courtiers assermentés.

Quant aux produits dûs au travail de l'homme, et quant à ce travail lui-même, ils circulent également par les soins de certains intermédiaires.

Les produits fabriqués sont vendus par les représentants de fabrique ou de commerce, par les employés, voyageurs, agents dépositaires ou consignataires, etc...

La production des artistes, des gens de lettres : écrivains, auteurs dramatiques, compositeurs, des professeurs, qui vendent leurs œuvres, mais non leurs services, est écoulée par des courtiers d'art, par les éditeurs, par les syndicats professionnels, intermédiaires chargés de rapprocher ces producteurs et le public consommateur.

Les syndicats ouvriers et patronaux, les bureaux de placement s'occupent, de même, de trouver emploi aux services des ouvriers et des domestiques.

Les différentes formes de la fortune sont le plus souvent offertes et vendues aux enchères dans des marchés spéciaux dont la plupart portent le nom de Bourses.

La Bourse des immeubles est la Chambre des Notaires ou la première Chambre du Tribunal civil.

L'Hôtel Drouot est la Bourse des meubles.

La Bourse des valeurs constitue le marché où s'accomplissent les transactions sur les valeurs mobilières.

La Bourse de Commerce sert aux mêmes fins pour toutes les matières premières, ainsi que pour les produits fabriqués qui se vendent en gros, tels que le sucre, l'alcool ou l'huile, vendus par les courtiers concurremment avec les grains, les métaux, les cuirs, les produits animaux (laines, graisses, etc.) ou végétaux (textiles).

Les denrées alimentaires se vendent sur des marchés spéciaux qui sont les Halles, par des courtiers assermentés appelés Mandataires, — et dans les entrepôts comme celui de Bercy, où se vendent les vins par l'intermédiaire des courtiers-gourmets.

Les produits fabriqués sont présentés au public et vendus dans des sortes de Bourses que sont les Salons, les foires, les expositions. De plus en plus, chaque industrie tend à organiser un salon spécial où le public trouve des échantillons de toute sa production et où se traitent des affaires de gros ou de détail. Le Salon du Cycle et de l'Automobile, le Salon du Mobilier sont les plus connus. Les Expositions agricoles, la Foire de Paris, celle de Lyon et bientôt celle de Bordeaux, groupent les denrées produites ou objets fabriqués dans une région déterminée et servent de Bourses pour les transactions relatives à ces marchandises.

Les professions libérales, tout comme les industries et les commerces, possèdent aussi leurs Bourses. Les savants, maîtres ou disciples, exposent leurs travaux, échangent leurs idées, dans ces grandes Bourses des valeurs intellectuelles que sont les Universités, le Collège de France, les grandes Ecoles. Les Académies, doublées par bon nombre de Sociétés savantes, sont un lieu de prédilection pour de tels échanges ; c'est par les communications qui s'y font que les idées neuves se répandent et que la valeur personnelle des savants arrive à être connue.

Là on est payé en honneur, tandis que dans les autres Bourses le travail est rétribué en plaisir, en argent, parfois en ingratitude.

Le Salon remplit le même rôle à l'égard des artistes, peintres, sculpteurs, graveurs, architectes. Les grands concerts constituent pour les musiciens, et les théâtres pour les auteurs dramatiques, l'équivalent des Salons. C'est là que se forment les valeurs, grâce à l'appréciation du public ; les éditeurs d'œuvres artistiques ou littéraires, les entrepreneurs de spectacles les transforment en richesses économiques et en font bénéficier la collectivité.

— Enfin, la Bourse du travail, qui est substituée à l'ancienne grève, et les bureaux de placement (qui, dans certains pays, ont reçu une organisation si complète) — centralisent l'offre et la demande de travail manuel, qualifié ou non. Telle est, du moins, sa fonction normale et c'est pure tolérance — ou pure faiblesse — si on permet qu'on y traite d'affaires extra-professionnelles.

L'Impôt sur les Mutations. Ses avantages

La mutation constitue un phénomène d'ordre si général qu'elle peut légitimement servir de base à un système d'impôt universel. Il convient maintenant d'examiner les principales qualités que présente l'impôt sur les mutations.

1° *L'impôt sur les mutations atteint toutes les richesses.*

Nous connaissons maintenant la façon dont s'opèrent les mutations auxquelles se prêtent les diverses formes de la fortune.

Aucune richesse n'échappe à la nécessité de circuler et de changer de propriétaire ; puisque ce n'est qu'au moment de la mutation qu'elle offre une valeur sociale. En saisissant la richesse, pour la taxer, au moment de sa mutation, on est donc sûr de la frapper au moment où elle se présente avec sa valeur la plus haute ; en se bornant à taxer les mutations, on est sûr de taxer toutes les richesses existantes.

Il n'y a que deux façons d'utiliser son revenu : en le plaçant ou en le consommant, c'est-à-dire en achetant, soit des denrées et objets d'usage courant, soit des titres ou des immeubles ; tout achat donnant lieu, par définition même, à une mutation de richesse, on voit que notre impôt est comme un filtre ou un barrage par lequel tout le courant du revenu national est obligé de passer. Il atteint l'universalité de la fortune du pays.

2° *Sa productivité suit les progrès de la fortune publique.*

L'impôt sur les mutations reçoit automatiquement le contre-coup de tous les progrès de la fortune publique et son rendement augmente dans la même proportion qu'elle. Si les affaires marchent bien, de nouvelles entreprises se constituent, c'est-à-dire que des immeubles s'achètent ou s'élèvent, que des actions et autres titres mobiliers sont créés, que de nouveaux produits s'offrent sur le marché ; en un mot, il s'opère toute une succession de mutations, la richesse devient plus active, change plus rapidement de propriétaires et l'impôt fonctionne à intervalles plus rapprochés.

Si la population augmente, c'est autant de valeurs humaines qui se créent ; leurs œuvres, leurs services viendront multiplier les rendements de l'impôt.

Ainsi, tandis que les autres systèmes d'impôt se trouvent pris au dépourvu devant les nouvelles formes de la richesse sociale, devant les emplois nouveaux que les hommes donnent à leur activité, l'impôt sur les mutations les atteint par le seul fait qu'elles se manifestent et dès leur première manifestation.

Il est donc proportionnel à l'accroissement de la fortune publique. Mais il y a plus.

3° Il est proportionnel aux facultés contributives de chacun.

De même que, dans un pays, le volume total des transactions est le meilleur indice de la prospérité publique, de même, le nombre des mutations qu'on pourrait porter au compte d'un individu, s'il existait un grand-livre qui les relevât, indique le degré de fortune de cet individu.

Plus un homme est riche, et plus son patrimoine présente une composition variée ; la nécessité prudente de conférer à sa fortune une certaine variété l'amène à vendre ou à acheter des immeubles, à mouvementer son portefeuille. En même temps, le désir de jouir des revenus d'un travail bien rémunéré ou d'une grosse fortune acquise amène l'individu à multiplier ses achats de meubles, de marchandises et de denrées de consommation.

L'homme de revenus modiques, au contraire, achète peu et ne place rien ; ses achats sont le plus souvent si faibles, qu'ils échapperont même aux prises de notre impôt.

L'impôt sur les mutations s'adapte donc aux facultés de chaque contribuable. Il ne revient pas à le taxer sur les signes extérieurs, puisqu'il atteint ses placements aussi bien que ses dépenses. Seul un riche avare, en enfouissant son or, pourrait réussir à payer comme un pauvre, mais ce type d'avare est en voie de disparition, et nul, aujourd'hui, n'est assez sot pour laisser son or improductif.

4° *L'impôt sur les mutations n'est pas vexatoire.*

Cette qualité résulte déjà du caractère que nous venons d'étudier : chacun paie selon ses facultés et proportionnellement à ses facultés. Cela n'implique pas forcément un taux unique pour toutes les formes de la fortune.

Pour qu'il n'y ait pas impôt vexatoire, il convient, en effet, que chaque forme de la fortune paie en raison de sa nature propre et de son rendement relatif. C'est là une question d'application, dont l'étude devra se faire dans un large esprit d'équité. L'impôt sur les mutations n'est pas vexatoire pour d'autres raisons encore : parce qu'il est un impôt réel, parce qu'il n'implique aucun procédé inquisitorial, enfin parce qu'il n'apporte aucune innovation dans les procédés fiscaux en usage, etc...

a) Cet impôt est un impôt réel, qui frappe la chose sans se préoccuper de la personne à qui elle appartient, le capital et non le capitaliste — ce qui, d'ailleurs, ne l'empêche pas d'imposer chaque contribuable en proportion de ses facultés. La réalité de l'impôt, depuis la Révolution, constitue un des principes les plus certains de notre droit financier et l'expérience n'indique pas qu'il convienne d'y renoncer.

b) L'impôt sur les mutations n'exige aucune mesure inquisitoriale, puisqu'il frappe la richesse au moment où elle est obligée de se montrer, au cours d'opérations accomplies dans un lieu public et le plus souvent par l'intermédiaire de spécialistes ayant un caractère officiel ou semi-officiel.

c) Enfin, il ne heurte aucun usage établi et, modestement, se défend de rien innover. Notre système financier connaît déjà l'impôt sur les mutations d'immeubles ou de valeurs mobilières, par exemple. Il s'agit donc simplement de généraliser un système existant et de soumettre toutes les formes de la richesse à un même régime fiscal.

Cette simplicité dans le principe même de l'impôt doit entraîner une simplicité correspondante dans la perception de l'impôt ; c'est là, selon Adam Smith, une des qualités fondamentales auxquelles on reconnaît un bon impôt. Il n'est pas sans intérêt d'insister sur ce point.

Le mécanisme de l'Impôt sur les Mutations

On a toujours considéré comme hautement désirable d'éviter les contacts entre le fisc et les contribuables, afin de rendre plus aisée et moins sensible la perception de l'impôt.

Notre système réduit l'armée des agents du fisc à un contingent très peu important.

Ce sont les intermédiaires, par les soins desquels s'opèrent les mutations de la fortune, qui rempliront l'office de percepteur. Ils pourront le faire gratuitement, puisqu'il ne leur en coûtera aucun travail, ainsi que nous allons le voir.

L'impôt de mutation sur les immeubles et sur les opérations de Bourse fonctionnerait comme aujourd'hui (abstraction faite du taux auquel on croira devoir le fixer. Taux actuel exagéré, prohibitif des mutations d'immeubles).

Pour les salaires, appointements et émoluments de tous genres, la perception se ferait au moyen d'un timbre, proportionnel au montant de la somme d'argent décaissée par l'employeur au bénéfice de son employé, apposé au moment même de cette mutation, par paiement, sur le registre des émargements.

Pour les denrées et marchandises, les courtiers tiendront un carnet à souche de leurs contrats et y apposeront leur timbre, à cheval sur la souche et le volant.

La vente des marchandises devra toujours faire l'objet d'une facture au-dessus de cinq francs, de manière à dégrever les petits acheteurs et à ne pas fractionner à l'infini les perceptions de l'impôt. Les commerçants, comme les courtiers, tiendront des livres de factures à souche, timbrés de la même façon.

Enfin les fonctionnaires, les employés, les hommes exerçant des professions libérales donneront reçu des sommes perçues par eux sur des carnets à souche, timbrés comme nous l'avons dit pour les courtiers.

Ainsi, toute somme à payer à l'occasion d'une mutation subirait, à la charge du créancier, une retenue opérée par l'apposition d'un timbre. L'Etat pourrait supprimer une bonne partie de son administration financière ; il lui suffirait de payer un corps de contrôleurs dont la surveillance s'exercerait surtout chez les intermédiaires. Des sanctions générales seraient prévues contre les infractions à la loi ; c'est ainsi qu'on ne pourrait faire état en justice ni opposer aux tiers aucune pièce emportant décharge ou libération et qui ne serait pas revêtue du timbre de mutation — sans préjudice des amendes auxquelles entraînerait la découverte d'une pareille pièce.

L'avenir du système

Nous croyons qu'un tel système entrerait vite dans les mœurs, puisqu'il n'innove ni dans son principe, ni dans ses procédés d'application.

Peu à peu, il permettrait de supprimer sans secousses ni convulsions les impôts existants et le contribuable aura payé, sans s'en apercevoir, une somme équivalente, sinon supérieure, à celle qu'il paie sous le régime actuel.

Pour connaître exactement le rendement de l'impôt, il faudrait évaluer l'ensemble des transactions et mutations de la fortune.

Dès aujourd'hui, on connaît le montant des ventes d'immeubles et des transactions qui s'opèrent dans les Bourses de valeurs et dans les Bourses de commerce. La publication du bilan des banques nous renseigne sur une bonne partie du chiffre d'affaires des commerçants, en nous indiquant le montant des valeurs remises à l'escompte ou à l'encaissement. Par des méthodes diverses, on est parvenu à connaître approximativement le montant total des sommes payées en salaires et émoluments. Il reste le revenu des professions libérales, qui échappe à toute évaluation certaine.

Mais l'impôt sur les mutations n'a pas besoin d'établir une évaluation préalable; il suffirait de l'introduire à un taux extrêmement bas qui, pendant quelques années, remplirait l'office d'un droit de statistique. Pendant ce temps, on pourrait étudier le taux dont il convient de frapper respectivement chacune des formes de la richesse et familiariser le public avec le nouveau timbre de mutation.

Conclusions

Pour conclure, nous nous bornerons à résumer les qualités que présente notre système d'impôt. Auparavant, nous écartons les objections qu'on pourrait lui opposer au nom de la maxime : « Impôt unique, impôt inique ». L'impôt sur les mutations est bien un impôt unique, mais non pas par son objet, à la manière de celui des Physiocrates, qui frappait uniquement le sol ; il est impôt unique en ce sens qu'il frappe toutes les formes de la richesse à l'occasion d'une manifestation d'existence et d'activité qui leur est commune à toutes et qui se répète à proportion de leur importance comme valeurs économiques et sociales.

Il embrasse la multiplicité des richesses, sous l'unité d'une seule catégorie fiscale.

De ce caractère fondamental découlent toutes ses autres qualités, qui sont :

De frapper l'ensemble des biens appropriés ;

De suivre les progrès de la richesse publique ;

De demander à chacun une contribution proportionnelle à ses facultés ;

De rester un impôt réel, c'est-à-dire un impôt juste et non vexatoire ;

D'être facile et peu coûteux à percevoir.

L'heure n'est plus aux expédients financiers ni aux demi-mesures, pas plus qu'aux bouleversements de l'assiette actuelle de l'impôt.

Elle ne permet pas davantage de créer des inégalités parmi les contribuables et de susciter des jalousies entre les classes de la nation ; tout le monde doit payer et chacun doit verser sa part dans la caisse collective pour l'œuvre commune qui attend le pays.

Nous croyons avoir accompli un acte utile en élaborant un système d'impôt qui réalise le maximum de justice, tout en respectant les principes de la science des finances publiques et d'abord le premier de tous, qui est de mettre l'Etat à même de faire face aux dépenses de la collectivité.

Maurice DUCLOS

Courtier assermenté
au Tribunal de Commerce de la Seine.

Imprimerie Grolleau, 9, passage Reilhac